AF232248

LE CLÉRICALISME

VOILA

L'ENNEMI

(Paroles de M. Gambetta)

COMMENTÉES

Par Emile VERNEY.

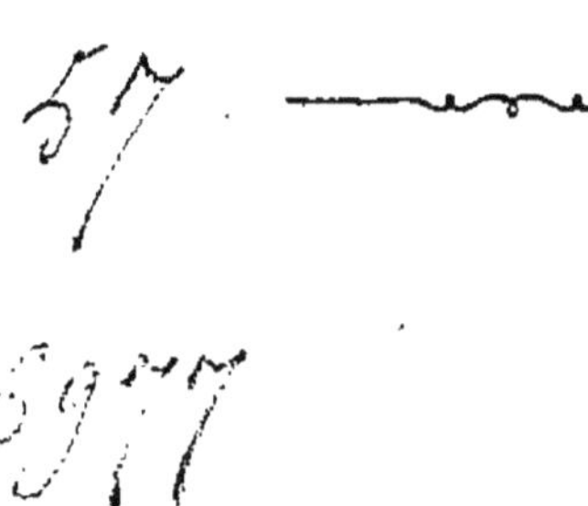

PARIS, Haton, lib., r. Bonaparte, 33.

PÉRIGUEUX, Cassard frères, imp.-libraires.

—

1879.

LE CLÉRICALISME

VOILA

L'ENNEMI

(Paroles de M. Gamb   )

COMMENTÉES

PAR ÉMILE VER

PREMIÈRE PARTIE.

1. — Le cléricalisme est l'ennemi de toutes les ambitions sans talent, qui, pour contenter leur amour de la gloire ou de l'argent, compromettent les affaires les plus importants. N'a-t-il pas raison ?

2. — Le cléricalisme est l'ennemi de tous les usuriers qui spéculent sur la misère du pauvre et restent sourds aux cris de l'indigence. N'a-t-il pas raison ?

3. — Le cléricalisme est l'ennemi des

manœuvres hypocrites et pleines de mensonges que plusieurs emploient pour obtenir des places. Faut-il le blâmer ?

4. — Le cléricalisme est l'ennemi du luxe effréné qui, souvent, ruine la fortune, et souvent aussi la vertu. Les chefs de famille trouvent-ils qu'il a tort ?

5. — Le cléricalisme est l'ennemi des orgies du lundi, qui donnent la misère et la débauche pour compagnes à la femme et aux enfants de l'ouvrier. N'a-t-il pas mille fois raison ?

6. — Le cléricalisme est encore ennemi des orgies du lundi, parce qu'elles dépeuplent les ateliers, rendent l'ouvrier ivrogne et paresseux, et lui inspirent les grèves qui jamais ne l'enrichissent, le ruinent bien souvent et parfois le conduisent au banc des criminels destinés à la prison ou au déshonneur des bagnes. Le commerce en souffrance et les patrons ruinés blâmeront-ils le cléricalisme ?

7. — Le cléricalisme est l'ennemi des écoles sans catéchisme et sans prière, parce qu'elles préparent des enfants qui, bientôt, révoltés contre Dieu et contre leurs parents s'appelleront un jour les insurgés de la rue et les soldats de l'émeute, s'ils n'en peuvent être les directeurs. Les amis de l'ordre et de a paix peuvent-ils blâmer le cléricalisme ?

8. — Le cléricalisme est ennemi de tous ceux qui affichent des airs de libres-penseurs, pour être mieux à leur aise, libres-diseurs, libres-faiseurs et libres-mangeurs, parce qu'à l'heure des révolutions, c'est dans les rangs de ces gens-là que se recrute la hideuse phalange des barricadiers, des pétroleurs, des fusillards et des incendiaires.

9. — Le cléricalisme est l'ennemi de tous ceux qui écrivent ou disent que Dieu, c'est le mal, et que la propriété, c'est le vol. N'a-t-il pas raison ? Demandez-le aux propriétaires et aux rentiers du commerce.

10. — Le cléricalisme est l'ennemi de tous ceux qui, pour se servir du peuple, lui font des promesses qu'ils savent ne pas pouvoir tenir. Serait-il honnête d'approuver ces habiles menteurs ?

11. — Le cléricalisme est l'ennemi de tous les journaux révolutionnaires qui, chaque matin, par leurs désirs et par leurs souhaits empruntés à l'ancienne Convention, en préparent une nouvelle en soufflant la haine, la division et le mépris entre tous les membres de la société française. Croyez-vous qu'il a tort ?

12. — Le cléricalisme est l'ennemi des pièces de théâtre où l'on provoque habilement la bienveillance, sinon l'admiration, en faveur des femmes infidèles et des intrigues domestiques. Les femmes honnêtes peuvent-elles le blâmer ?

13. — Le cléricalisme croit que la jeunesse perd en estime et en respect pour la morale tout ce qu'elle éprouve en plaisir à suivre fiévreusement les scènes plus ou moins gazées des situations les plus épineuses et les triomphes équivoques d'une vertu bien compromise. Les parents feraient bien de le croire aussi avec le cléricalisme.

14. — Le cléricalisme est persuadé qu'on ressent peu à peu moins de répugnance à faire ce qu'on s'habitue à applaudir au théâtre. Qui osera le contredire ?

15. — Le cléricalisme est l'ennemi de la

publicité donnée dans les journaux aux débats judiciaires les plus scandaleux, parce qu'ils entretiennent les mauvais instincts des gens criminels, et leur apprennent souvent des ruses et des moyens qu'ils ignoraient et dont ils se servent bientôt pour mieux réussir dans leurs projets pervers.

Tout le monde sait bien que souvent en prison le jeune détenu devient plus habile dans le crime.

16. — Le cléricalisme est l'ennemi des faiseurs de romans, vrais empoisonneurs publics, qui, pour gagner quelques sous, corrompent les mœurs, gâtent le goût, désorganisent les familles, détournent les femmes de la vie réelle, qui est une vie de sacrifice et de dévouement, pour les jeter dans les rêves, dans les illusions et dans ce qu'on appelle les intrigues et les aventures de la vie romantique. Personne n'ignore qu'un mauvais livre donné et accepté est une première hypothèque prise sur le cœur qui le reçoit.

17. — Le cléricalisme est l'ennemi de tous ceux qui, trop souvent, font payer les services qu'ils rendent ou les places qu'ils donnent avec le déshonneur des personnes qu'ils obligent. Les cœurs honnêtes peuvent-ils le blâmer ?

18. — Le cléricalisme est l'ennemi de tous les menteurs, de tous les bavards, toujours prêts, disposés à inventer, pour le besoin de leur cause, les plus grossières infamies. On se souvient des sœurs et des frères que les tribunaux ont vengés en flétrissant leurs vils calomniateurs.

19. — Le cléricalisme, voilà votre ennemi déclaré, gens tarés et décriés, qui espérez faire oublier vos désordres et peut-être vos crimes, en attirant l'attention publique sur les défauts imaginaires et sur la perversité que vous prêtez gratuitement à ceux dont la vertu vous accuse. On connaît depuis longtemps la ruse des voleurs de foire qui crient les premiers : *Au voleur !* pour mieux éloigner d'eux la police et les gendarmes.

20. — Le cléricalisme, voilà votre ennemi, esprits haineux et jaloux, qui ne pouvez supporter d'avoir des rivaux, et qui croyez que tout vous est dû. Vous ignorez que votre secret despotisme et votre sot orgueil font de plus en plus le vide autour de vous.

21. — Le cléricalisme, voilà votre ennemi, cœurs égoïstes et étroits, qui, pour le succès de votre opinion, sacrifiez et vendez les intérêts de votre localité. Qui pourra le b.âmer de vous démasquer et de vous combattre?

22. — Le cléricalisme vous flétrit, esprits vils et sans honneur, qui pour de misérables intérêts politiques, entretenus par l'amour-propre, avez sacrifié et vendu vos plus anciennes relations et vos plus vieilles amitiés. Qui jamais blâmera le cléricalisme de vous livrer au mépris de vos semblables ?

23. — Le cléricalisme est votre ennemi déclaré, agents électoraux du plus bas étage, qui avez pour mission, moyennant quelques pièces d'argent ou quelques verres de vin, de dénigrer et de salir les réputations les mieux établies. Votre façon hideuse de corrompre l'opinion excite le dégoût.

24. — Non, le cléricalisme ne sera jamais votre ami, dangereux semeurs de discorde et de haine en temps d'élections. On voit germer après votre passage plus de divisions dans les familles et dans les villages qu'à la suite des procès les plus longs et les plus envenimés.

25. — Le cléricalisme peut-il vous aimer, vous tous qui ne rougissez pas d'inventer les plus odieuses calomnies pour paralyser dans les cœurs l'empire de la religion qui gêne vos scandales et vos sinistres projets ? Vous avez raison de le signaler comme votre ennemi, il l'est en effet, et personne, parmi nous, ne lui en fera un crime.

26. — Ne comptez pas sur l'estime ni sur l'affection du cléricalisme, conspirateurs ténébreux et hypocrites, qui souvent, pour mieux réussir dans vos machinations honteuses et sataniques, voulez paraître les protecteurs de la cause religieuse. On connaît vos ruses pénibles à avouer. Le cléricalisme n'a pas confiance en vous ; n'a-t-il pas mille fois raison ?

27. — Le cléricalisme est votre ennemi, audacieux impudents qui, pour mieux flatter les passions populaires et vous en faire un piédestal, avez l'effronterie de dénoncer le cléricalisme comme la digue qui arrête le porgrès, le rocher entêté qui ne veut pas laisser passer le char de la civilisation, comme le bourreau de la liberté.

28. — Oui, vous avez raison, le cléricalisme est votre ennemi, parce qu'il est la digue qui voudrait s'opposer au torrent de tous vos excès prêts à déborder, parce qu'il voudrait être le rocher capable d'arrêter le char de la révolution, parce qu'il voudrait, s'il le pouvait, paralyser les puissants rejetons de toutes les licences qui menacent d'étouffer l'arbre de la vraie liberté.

Quel homme honnête, je vous le demande, pourra jamais blâmer le cléricalisme de vous combattre à outrance, vous qui êtes l'excès, la haine de Dieu et la haine du bien, la révolution et la licence sans frein.

29. — Le cléricalisme, sachez-le bien, sera toujours votre ennemi, vous tous qui vous dites les fils, les amis et les disciples de Voltaire, car vous pouvez être comme il le fut lui-même, les précurseurs des Danton, des Robespierre et des Marat.

30. — Si le cléricalisme est pour vous un ennemi, c'est une preuve qu'il est un des remparts sauveurs de notre société qui, par vos soins, s'achemine aux abîmes.

31. — Le cléricalisme se déclare franchement lui-même votre ennemi; et pourquoi ? Ah ! parce que, malgré vos précautions et vos habiletés, on entend derrière vous les essais mal dissimulés du marteau démolisseur, on sent une odeur indiscrète qui fait craindre le pétrole des incendies ou la poudre sacrilège destinée à de nouveaux otages.

32. — Le cléricalisme, voilà l'ennemi ! Oui, l'ennemi de vos clubs et surtout de vos sociétés secrètes, où fuyant la lumière et la craignant comme les conspirateurs de la nuit, qui ne travaillent jamais au grand soleil, vous inspirez les persécutions ouvertes ou cachées que vos sectaires et vos affidés dirigent chaque jour contre tout ce qui touche aux grands principes conservateurs de religion et d'autorité.

Ne vous plaignez pas si le cléricalisme

vous déteste et vous combat, car, entre nous, vous savez que vous le méritez bien.

33. — Le cléricalisme, voilà l'ennemi ! s'écrie le tribun de Romans. Et peut-il vous aimer, vous qui chaque jour réclamez à pleine poitrine de répandre le sang de ses enfants ?

Car enfin, de quel sang impur peut-il être question, infâmes braillards du refrain sanguinaire ? La patrie, dites-vous, est en paix avec l'étranger ; c'est donc le sang des enfants du cléricalisme et des ennemis de Voltaire, c'est le sang de ceux qui ne pen-pas sent comme vous que vous voulez verser.

Votre refrain fratricide prépare les esprits aux luttes meurtrières et sanglantes des guerres civiles.

Entendit-on jamais, en effet, provocation, excitation plus violente, plus directe à la haine, au meurtre, à l'assassinat ? Que font donc les tribunaux ? N'ont-ils plus à proté-ger la sécurité compromise de tous les honnêtes citoyens, justement épouvantés par des menaces de mort et des hurlements affreux qui déjà promènent partout la terreur et l'effroi ?

34. — Oui, le cléricalisme est votre ennemi, parce que du chant de la patrie aux jours de l'invasion étrangère, vous faites le sinistre refrain de toutes les concupiscences les plus à redouter et de toutes les convoitises les plus brutales.

Oui, votre refrain homicide du sang impur nous glace d'épouvante, car d'ordinaire il ne retentit qu'à l'heure des combats, ou à l'heure désolée qui sonne nos discordes civiles et à l'heure funèbre qui préside aux œuvres terribles de l'échafaud.

35. — Le cléricalisme craint, et avec raison, que les enfants et le peuple s'exercent bientôt à faire ce qu'ils apprennent à chanter.

36. — Le cléricalisme est et restera votre ennemi, et soyez persuadés que vos fêtes nationales et les flammes de bengale de vos feux d'artifice ne parviendront jamais à calmer les trop justes craintes qu'excitent partout vos programmes incendiaires et vos projets impies.

Vous suivez les mêmes voies que vos ancêtres de 89, et comme eux, si vous ne vous arrêtez pas, vous précipiterez infailliblement la France dans la ruine, dans le sang et dans le déshonneur,

Et le cléricalisme,

que vous regardez avec raison comme l'ennemi mortel de toutes vos impiétés, de tous vos scandales, de toutes vos injustes préférences et de toutes les hypocrites et menteuses flatteries avec lesquelles vous trompez le peuple,

Le cléricalisme,

malgré vos insultes, vos blasphèmes et vos calomnies, reste et restera toujours,

L'ami

le plus dévoué, le plus sincère et le plus désintéressé

du peuple français.

En effet...... lisez les pages suivantes.

SECONDE PARTIE.

1. — Qui soigne, veille et console les malades des hôpitaux ? Qui consent à vivre avec les malheureux déshérités de la nature, qu'on appelle les aveugles, les incurables ou les fous ? Les religieuses du cléricalisme. Faut-il les chasser des hôpitaux ?

2. — Qui prend soin des vieillards décrépits que notre délicatesse trouve repoussants, des vieilles femmes infirmes dont la vue seule provoque notre répugnance et notre dégoût, qui n'ont pas de famille, ou que la famille abandonne ? Qui prend soin de ces ruines dignes de respect mais peu aimables de l'humanité ? Les petites sœurs des pauvres du cléricalisme. Faut-il mettre à la porte ces femmes héroïques dont personne ne convoite les fonctions.

3. — Qui chaque matin recueille les enfants de l'ouvrière et de l'ouvrier pour qu'ils puissent gagner le pain de chaque jour ? Les crèches et les asiles du cléricalisme. Faut-il fermer ces maisons inventées par le cléricalisme en faveur du peuple ?

4. — Qui diminue les souffrances du pauvre aux jours rigoureux de l'hiver, qui lui donne du pain, du bois ? Surtout les bureaux de bienfaisance du cléricalisme. Faut-il les supprimer ?

5. — Qui visite dans la mansarde ouverte à tous les vents, dans les caves humides, dans le bouge infect, le pauvre honteux et déguenillé ? Surtout les membres des sociétés de Saint-Vincent-de-Paul, merveilleuse création du cléricalisme. Faut-il les persécuter ?

6. — Qui travaille à vêtir les petits orphelins, qui s'occupe des malades du quartier, qui paye le lit de cet ouvrier à l'hôpital, en attendant qu'il guérisse ? Le cléricalisme par la main cléricale des Dames-de-Charité. Les pauvres du peuple se plaignent-ils du cléricalisme ?

7. — Qui inspi e avec succès aux enfants le respect pour leurs parents et surtout pour les vieillards, ces reliques vénérables du foyer, aujourd'hui trop souvent délaissées ? Les ministres du cléricalisme. Faut-il les inquiéter ?

8. — A quelle maison vont surtout frapper le voyageur fatigué, le mendiant et l'étranger malheureux ? Presque toujours à la maison du cléricalisme qu'on appelle le presbytère. Faut-il fermer ces maisons ?

9. — Dans quel livre les enfants du peuple apprennent-ils l'amour du travail, le respect de l'autorité, de la propriété et à devenir honnêtes et moraux ? Dans le livre du cléricalisme qu'on appelle le catéchisme. Faut-il le proscrire des écoles ?

10. — Dans quelles réunions dit-on à la jeunesse de dompter ses passions, de fuir les mauvaises compagnies et de pratiquer la vertu ? Dans les réunions publiques que le cléricalisme fait à l'église ? Faut-il les interdire ?

11. — La jeunesse des bourgs et des villages sera-t-elle plus honnête et plus morale, plus respectueuse, et plus docile, si l'on ferme les églises du cléricalisme? Pères et mères, répondez.

12. — Les foyers domestiques seront-ils mieux gardés par l'honneur et la fidélité, quand les conseils de la religion ne s'y feront plus entendre ?

13. — Verra-t-on plus indissolubles la paix et l'union des cœurs sous le toit conjugal, quand les cœurs assez émancipés ne voudront plus, au jour de leur union, recevoir la bénédiction et les conseils de Dieu ?

14. — Les berceaux seront-ils plus exempts de douleurs et de larmes en évitant le baptême du cléricalisme et en ne demandant plus les vœux et les prières du ciel pour le front des nouveaux-nés ?

15. — La tombe aura-t-elle moins de regrets et plus de consolations, quand les morts, confondus avec des êtres quelquefois plus utiles qu'eux et méritant plus d'honneurs, s'en iront dans la fosse commune sans les bénédictions et les prières de la religion ? La civilisation sera-t-elle plus honörée par cette insulte que les païens et les sauvages épargnent à la dignité humaine ?

16. — Qui soigne et console dans les ambulances, aux jours de la bataille, les glorieux blessés de la patrie ? Qui parle à ces héros malheureux de leur mère absente, de leur village et de la France? Les religieuses ou les ministres du cléricalisme, si les cornettes blanches de St-Vincent-de-Paul et les aumôniers militaires ont pu suivre nos armées. Pères et mères, parlez, et dites bien haut si vous voulez encore les sœurs et les aumôniers près de vos enfants soldats ?

17. Qui maintient dans les grandes usines la pudeur et l'honnêteté parmi les jeunes apprentis, qui les arrache aux vilaines habitudes de leur âge ? Qui les prémunit contre tous les dangers des agglomérations? C'est encore l'aumônier, la chapelle, le catéchisme et les conseils du clérialisme.

Les jeunes apprentis seront-ils plus honnêtes et plus laborieux quand on les aura privés de tous les secours de la religion ? Demandez-le aux patrons de ces jeunes enfants.

18. — Pour quelques rayons de soleil qui brûlent un sillon de votre champ, dessèchent et détruisent un coin de votre vignoble, faut-il éteindre le foyer puissant qui fournit sa chaleur, principe de toute fécondité ?

19. — Pour quelque nuage ou quelque torrent grossi, qui emporte et détruit la récolte d'une contrée, faut-il tarir la source des fleuves et des nuées bienfaisantes ?

20. — Pour quelque ivrogne insensé, faut-il proscrire le vin qui double les forces de l'homme et soutient l'honnête ouvrier en diminuant ses fatigues et ses peines ?

21. — Quand les hommes, le dimanche, ne fréquenteront plus la maison du cléricalisme, qui est l'église, trouveront-ils au club ou au cabaret des manières, des propos, des habitudes qui plairont davantage à leurs femmes et à leurs enfants ?

22. — Les malheureuses qui perdent la jeunesse dans les villes et ruinent leur famille, écoutent-elles les conseils du cléricalisme ? Mères désolées et pères déshonorés, qu'en pensez-vous ?

23. — Le cléricalisme est-il bien sérieu-
sement votre ennemi et celui de la société,
parents de toute condition, quand il appelle et qu'il réunit vos enfants dans les
cercles qu'il dirige ? Pouvez-vous regretter
sans être impies ou gâtés qu'ils passent
leurs heures de loisir dans les honnêtes et
utiles récréations de ces réunions fraternelles ? N'est-ce pas un temps gagné pour
leur honneur et pour le vôtre, et un temps
perdu pour la débauche et pour les orgies
ruineuses ? Répondez.

24. — Et alors, je vous le demande,
sont-ils, oui ou non, les vrais amis du peuple,
de vos familles et de la société, tous ceux
qui, par des moyens ouverts ou cachés
chercheront à taquiner, à contrarier, à gêner.
et même à fermer tous ces cercles où l'en-
fant du peuple s'amuse et devient plus
moral ? Répondez.

25. — Les brigands qui pénètrent furti-
vement dans les maisons et emportent d'un
seul coup l'honneur et la paix des familles
obéissent-ils aux ordres du cléricalisme ?
Vous savez bien qu'il le flétrit.

26. — Qui le a courage de dire aux grands
et aux petits *non licet* cela n'est pas per-
mis? Le cléricalisme.

27. — Est-ce le cléricalisme qui favo-
rise les spéculations frauduleuses ? Encou-
rage-t-il le larcin déguisé, la rapine publique, les coups de bourse ruineux et prépa-
rés, les usures tyranniques et dissimulées?
Ah! demandez-le à ceux qui, par ses conseils, reçoivent des restitutions.

28. — Le cléricalisme est-il inutile dans
les malheurs de famille, dans les cas déses-
pérés? Demandez-le à cette épouse désolée
qui lui doit la vie de son mari près de se
détruire; demandez-le à cette maison qui,
par ses avis, a évité un procès ruineux et
les scandales des haines fraternelles; demandez-le à ce chef de famille que la main
amie d'un ministre du cléricalisme a arra-
ché au déshonneur de la banqueroute; demandez-le à cette famille d'ouvriers que la
charité secrète d'une main cléricale a main-
tenue dans la maison qu'elle ne pouvait
plus payer.

29. — Quel est le rôle du cléricalisme

dans les divisions et les brouilleries? Est-ce lui qui les excite et qui les alimente? Répondez, ménages réconciliés par ses soins, et vous, foyers autrefois pleins de discordes et de bruit, n'est-ce pas souvent aux observations paternelles et secrètes du cléricalisme que vous devez la paix et le bonheur dont vous jouissez?

30. — Le cléricalisme, n'est-il, comme on cherche à le faire croire, qu'une vaste association *d'ignorantins* ne sachant apprendre, dans les écoles, que la *croix de Dieu*? Demandez-le aux juges de l'Exposition universelle de Paris de 1878 qui ont accordé aux Frères des écoles chrétiennes tant dénigrés, tant calomniés, tant persécutés, *cinq médailles d'or, cinq médailles d'argent, trois médailles de bronze* pour leurs différents travaux de *géographie, de dessin, d'agriculture et de chimie.*

31. — Les écoles du cléricalisme n'ont-elles jamais de succès aux examens publics subis par les élèves qu'elles instruisent? Demandez-le aux parents de tous les élèves boursiers que les Frères font recevoir, chaque année, aux écoles municipales supérieures de Paris. Ainsi pour cette année 1878, n'oubliez pas le petit calcul suivant, il n'est pas difficile et pourra vous servir à l'occasion.

D'après les concours officiels du mois de juillet 1878, 788 élèves de toutes les écoles de Paris ont pris part au concours ouvert pour donner les bourses si recherchées des écoles municipales supérieures de Paris. Sur les 339 élèves déclarés admissibles, 242 appartiennent aux élèves des Frères, et 97 seulement aux autres écoles ; sur les 150 premiers 119 appartiennent aux Frères et 31 aux autres écoles.

Au concours de *dessin*, à Paris, les Frères ont obtenu 5 prix sur 9, et 16 accessits sur 23. C'est assez bien réussi pour des ignorantins. Qu'en pensez-vous ?

32. — Mais ce n'est pas seulement depuis quelques mois qu'ils font ainsi honneur au cléricalisme par leurs brillants et glorieux succès. Ils sont depuis longtemps incorrigibles ; car voilà près de trente ans qu'ils obtiennent toujours les plus éclatants triomphes dans les principaux concours auxquels ils prennent part. En voici la preuve :

Ce n'est pas tout d'affirmer, tout le monde peut le faire, et les menteurs n'y manquent pas, mais il s'agit de prouver, et les calomniateurs s'en dispensent toujours. Excusez donc encore quelques chiffres révélateurs ignorés sans doute par ceux qui, *vrais ignorantins*, ne savent pas que la France a tout intérêt à protéger et à encourager l'instruction publique et populaire donnée par les Frères au lieu de la restreindre et de la persécuter.

Puisque avec leurs méthodes,

En 1848, sur 31 bourses, ils en ont 27
En 1849, sur 32 — — 31
En 1854, sur 40 — — 32
En 1858, sur 40 — — 38
En 1865, sur 40 — — 37
En 1869, sur 50 — — 30
En 1870, sur 50 — — 41
En 1874, sur 80 — — 64
En 1876, sur 80 — — 67
En 1877, sur 100 — — 77

Enfin, pour citer un chiffre général qui vaut à lui seul tout un plaidoyer en faveur de l'enseignement des Frères du cléricalisme, c'est que, *ne l'oubliez pas*, en *trente et un* concours depuis 1848 jusqu'en 1877, sur **1,445** bourses accordées par l'Etat aux écoles municipales supérieures de Paris, **1,148** ont été obtenues par les élèves des Frères, et **297** seulement par les élèves des autres écoles.

Tous ces chiffres, tous ces calculs dormaient, les ennemis du cléricalisme auraient plus gagné à ne pas les réveiller, car chacun maintenant va se demander si vraiment les Frères méritent le nom d'ignorantins.

33. — Les jeunes gens sortis des écoles du cléricalisme sont-ils les plus mauvais élèves des écoles militaires? Demandez-le aux généraux qui dirigent les écoles de La Flèche, de Saumur, de Saint-Cyr ou de l'école Polytechnique. Peut-être vous répondront-ils ce que, paraît-il, répondit le directeur de l'école Polytechnique au général qui lui demandait d'où venaient ses meilleurs élèves. « Il faut avouer, dit le directeur, qu'il nous viennent des écoles des jésuites. » — « Eh bien, alors, répartit le général visiteur, qu'on ne me parle plus de proscrire ces gens-là. »

34. — Sont-ce les enfants du cléricalisme qu'on peut appeler les soldats de la crosse en l'air, les soldats de bureau, de mairie ou de parquet au jour de l'invasion étrangère ?

Non, ses enfants s'appellent les héros de Patay et de tant d'autres champs de batailles où on les a vus courageusement mourir, mais jamais reculer.

35. — Le cléricalisme, voilà l'ennemi ! voilà le danger pour le peuple. Imposteurs que vous êtes, vous savez bien que non !

Pour être dangereux, il faut avoir en main le pouvoir ; il faut diriger quelque chose.

Or, les chefs du cléricalisme, qui, je pense, sont les évêques et les curés, ne sont pas au sénat ;

Ils ne sont pas ministres ;

Ils ne sont pas députés ;

Ils ne sont ni préfets, ni sous-préfets ;

Ils ne sont ni procureurs, ni maires, ni conseillers ;

Ils ne dirigent ni le cimetière ni la fabrique;

De quoi vous plaignez-vous?

Ils vous laissent bien les places.

36. — Le cléricalisme, voilà votre ennemi, mais non pas celui du peuple, qui, le plus souvent, forme sa famille et auquel il prêche toujours Dieu, la concorde et la paix, tandis que d'autres l'excitent toujours à la haine et à la révolte contre ses semblables.

37. — Le cléricalisme, voilà votre ennemi, mais non pas celui du peuple, qui ne vous voit assidus près de lui, et que vous n'aimez, vous, qu'au temps et aux jours des élections, tandis que les ministres du cléricalisme restent et vivent au milieu du peuple pour le conseiller, pour l'aider dans ses malheurs, pour visiter ses malades, les consoler, enseigner ses enfants et prier pour ses morts.

38. — Le cléricalisme est votre ennemi parce que les amis des méchants et des cœurs pleins de haine ne sont que leurs dangereux complices.

39. — Le cléricalisme, voilà votre ennemi, et le peuple qui l'écoute ne vous aime pas parce que vous désirez, vous laisseriez voter l'amnistie et le retour de ceux qu'on a déjà condamnés comme pillards, incendiaires et assassins sous le sinistre nom de *Communards*.

40. — Le cléricalisme est votre ennemi parce qu'il est et qu'il se montre partout ettoujours, sans calcul ni arrière-pensée, le véritable ami du peuple, dont vous n'êtes, par ambition, que les charlatans ridicules et les dangereux charmeurs.

41. — Le cléricalisme, voilà votre ennemi, et pourquoi? Parce que si vos amis de Cayenne et de Nouméa reviennent au pouvoir et vous avec eux, ils chasseront la religion, comme autrefois, et alors, mais trop tard,

le peuple vous maudira.

42. — Le cléricalisme, ses ministres et ses amis redoutent, et avec raison, vos discours, vos journaux, vos conseils, vos sociétés secrètes, vos refrains sanguinaires, vos élections et vos votes, vos projets et vos professions de foi, d'où, trop souvent, s'exhale l'odeur de la poudre fratricide et du pétrole incendiaire,

par ce que

l'avenir que vous préparez peut être pour le cléricalisme et pour ses amis, un avenir de ruine, d'exil ou d'échafaud,

Et pour le peuple que vous trompez

en le flattant,

Un avenir sans asile et sans crèche pour les enfants de l'ouvrier;

Un avenir sans morale et sans frein pour la jeunesse que vous voulez élever sans catéchisme, sans prière et sans Dieu ;

Un avenir sans bénédiction pour les familles et pour les récoltes du peuple.

Un avenir sans asile et sans secours pour les pauvres, les infirmes et les vieillards du peuple ;

Un avenir sans prière pour ses morts ;

Un avenir où bientôt, par vos soins, les bourgs et les villages du peuple seront *sans églises, sans dimanche et sans commerce.*

Voilà tes œuvres, **ô radicalisme !**

Tu connais, ô Peuple français, celles du cléricalisme,

Eh bien ! choisis et prononce

qui des deux

est ton véritable ennemi.

E. V.

Remarque. — Il est suffisamment clair pour tout le monde que c'est le catholicisme, ses écoles et ses œuvres que l'on signale à la haine et à la persécution sous le nom de cléricalisme, d'œuvres et d'écoles cléricales.

FIN.

PÉRIGUEUX, CASSARD FRÈRES, IMPRIMEURS-LIBRAIRES,
rue St-Martin, 13 et 15.

www.ingramcontent.com/pod-product-compliance
Lightning Source LLC
Chambersburg PA
CBHW071407030726
47594CB00006B/2363